WEEKLY WR READER®
EARLY LEARNING LIBRARY

Grandes Personajes

Crispus Attucks

Monica L. Rausch

Consultora de lectura: Susan Nations, M.Ed., autora, tutora de
alfabetización, consultora de desarrollo de la lectura

Please visit our web site at: www.garethstevens.com
For a free color catalog describing Weekly Reader® Early Learning Library's list
of high-quality books, call 1-877-445-5824 (USA) or 1-800-387-3178 (Canada).
Weekly Reader® Early Learning Library's fax: (414) 336-0164.

Library of Congress Cataloging-in-Publication Data available upon request from publisher.
Fax (414) 336-0157 for the attention of the Publishing Records Department.

ISBN-13: 978-0-8368-7980-3 (lib. bdg.)
ISBN-13: 978-0-8368-7987-2 (softcover)

This edition first published in 2007 by
Weekly Reader® Early Learning Library
A Member of the WRC Media Family of Companies
330 West Olive Street, Suite 100
Milwaukee, WI 53212 USA

Managing editor: Valerie J. Weber
Art direction: Tammy West
Cover design and page layout: Charlie Dahl
Picture research: Sabrina Crewe
Production: Jessica Yanke and Robert Kraus

Spanish edition produced by A+ Media, Inc.
Editorial director: Julio Abreu
Chief translator: Adriana Rosado-Bonewitz
Associate editors: Janina Morgan, Bernardo Rivera, Carolyn Schildgen
Graphic design: Jessica S. Swan

Picture credits: Cover, title page © Hulton Archive/Getty Images; pp. 5, 6, 9, 17 © The Granger Collection, New York; pp. 7, 15 © CORBIS; pp. 10, 11, 14, 18, 20 © North Wind Picture Archives; p. 13 National Park Service/Boston National Historical Park; p. 16 Library of Congress; p. 21 © 2006 Stanley Rowin

Printed in the United States of America

1 2 3 4 5 6 7 8 9 10 10 09 08 07 06

Contenido

**Portada y contraportada: Crispus Attucks fue un hombre valiente.
No temía a los soldados británicos.**

Capítulo 1

De la esclavitud a la libertad

Crispus Attucks fue la primera persona que murió en la lucha por independencia de los Estados Unidos, en una lucha llamada la **Masacre** de Boston, junto con otras cuatro personas. Su muerte hizo que la gente se enojara y muchos colonos quisieron luchar por la independencia.

Crispus Attucks nació en 1723 en Framingham, cerca de Boston, Massachusetts. Su madre fue amerindia y su padre era de África. Como su padre era esclavo, Attucks también era **esclavo**.

Cuando Attucks tuvo edad suficiente, ayudó a su patrón a comprar y vender ganado. Attucks tenía cierta libertad, pero quería trabajar por su cuenta. No quería seguir siendo esclavo. Attucks quería trabajar en los barcos.

Los soldados británicos, durante la Masacre de Boston, dispararon a Attucks (abajo, derecha) y a otras personas.

Attucks dejó Boston en un barco ballenero como éste. Estos marineros abren la ballena para usar su aceite y otras partes.

En 1750, a los 27 años, Attucks escapó. Se fue a trabajar en un **barco ballenero**. El barco salió hacia el mar abierto. El patrón de Attucks, William Brown, no encontraba a Attucks. Brown ofreció dinero a la gente para que lo buscara y se lo trajera, pero nadie sabía dónde estaba Attucks. El Sr. Brown dejó de buscarlo.

¡Attucks por fin era libre! Durante los siguientes 20 años, trabajó como marinero. Cuando Attucks no estaba en un barco, trabajaba haciendo sogas.

Algunos de los barcos de los **muelles** de Boston eran balleneros. Otros transportaban tela, alimentos y otras mercancías.

Capítulo 2

Soldados británicos en Boston

Massachusetts era una colonia que, al igual que otras colonias estadounidenses, tenía que obedecer las leyes de la Gran Bretaña. En 1767, la Gran Bretaña aprobó una ley sobre impuestos que enojó a los estadounidenses.

En 1768, el gobernador de Massachussets, preocupado porque pensaba que la gente se estaba enojando demasiado. Pidió al rey británico que enviara soldados para que protegieran a la gente que recaudaba los impuestos.

El rey Jorge III, que quería conservar las colonias estadounidenses, envió los soldados.

9

© North Wind Picture Archives

A Attucks y a otros marineros y fabricantes de sogas no les agradaban los soldados porque cuando estaban fuera de servicio, también hacían sogas. La gente los empezó a contratar a los soldados para que hicieran sogas, lo que dificultó que Attucks y los demás encontraran trabajo.

Los soldados británicos entraron a Boston en 1768. Eran tantos que no había suficientes lugares para hospedarlos. Algunos dormían en tiendas de campaña en el centro de la ciudad.

Había gente de Boston a la que tampoco le gustaban los soldados. Ver a los soldados les recordaba que el rey británico los controlaba. Los soldados le daban órdenes a la gente y la gente se enojaba cada vez más. ¡Algo malo iba a pasar muy pronto!

Aunque no le gustara a la gente, a veces los soldados vivían con ellos. ¡Dormían en sus camas y se comían su comida!

© North Wind Picture Archives

Capítulo 3

La Masacre de Boston

El 5 de marzo de 1770, ¡realmente algo sucedió!
Unos muchachos se burlaron de un soldado británico
en Boston. Lo insultaron. El soldado golpeó a uno de
los chicos con la punta de su fusil. La gente se enojó.
Mucha gente empezó a reunirse en las calles de
la ciudad.

Attucks estaba en los muelles trabajando con otros marineros. Al ver que la gente se reunía en las calles, fue hacia la plaza principal con un grupo de marineros, frente a la Old State House.

La **Old State House** era un edificio de gobierno en el centro de Boston. Hoy, frente al edificio, un círculo de ladrillos marca el sitio de la Masacre de Boston.

© North Wind Picture Archives

El soldado británico llamó a su oficial y el oficial reunió a ocho soldados en la plaza central. Los soldados temían que la gente los hiriera.

Los soldados británicos sabían que no le agradaban a mucha gente. Algunos les gritaban en la calle.

Alguien hizo sonar las campanas de una iglesia. Normalmente, sólo sonaban cuando había un incendio. Mucha gente pensó que era un incendio y salieron a ayudar. Sin embargo, cuando llegaron, no vieron las llamas. Se unieron a la multitud que gritaba a los soldados.

La Iglesia de Cristo, o la Old North Church en Boston, tenía las primeras campanas de Norteamérica que sonaban para invitar a los servicios religiosos o cuando había un incendio.

Cuando Attucks llegó,
algunas personas
estaban arrojándoles
bolas de nieve y piedras
a los soldados. Otros
los retaban a que les
dispararan. Nadie sabía
qué pasaría después.
Algunas personas dicen
que Attucks llevaba un
palo. Otros dicen que
tenía un mazo. Unos
dicen que golpeó el fusil
de un soldado. Otros
dicen que no lo hizo.

Los soldados estaban nerviosos.
¡Estaban listos para comenzar
a disparar!

Algunos dicen que oyeron que alguien gritó, "¡Disparen!". Uno de los soldados hirió a Attucks. Los demás comenzaron a disparar. Cuando dejaron de disparar, Attucks y dos hombres más estaban muertos. Otros dos murieron después por las heridas. Otras seis personas resultaron heridas. Después del tiroteo, el oficial y los soldados británicos se fueron de Boston.

Crispus Attucks fue el primero al que mataron los soldados. Samuel Gray, un fabricante de sogas, y James Caldwell, un marinero, también murieron. Samuel Maverick, de sólo 17 años, y Patrick Carr, murieron más tarde.

© North Wind Picture Archives

Algunos pensaron que Attucks y sus hombres eran héroes. Otros pensaron que sólo eran parte de la turba. Un hombre llamado Samuel Adams quería que la gente se enojara con los soldados británicos. Llamó el tiroteo "la Masacre de Boston".

Miles de personas asistieron al funeral de estos hombres. Se hizo una gran procesión al cementerio. Se cerraron las tiendas y repicaron las campanas.

Samuel Adams dijo que las tropas británicas debían abandonar Boston.

Capítulo 4

Honor a las víctimas

Los soldados que dispararon a Attucks y a los demás hombres fueron arrestados. Se les acusó de homicidio. Los soldados dijeron que la multitud parecía peligrosa y que habían disparado a Attucks y a los demás porque se sintieron atemorizados. Creyeron que los iban a atacar.

Después del juicio, se liberó a seis de los soldados. Sólo se castigó a dos de ellos.

Durante los siguientes seis años, se conmemoró el 5 de marzo como el día de la Masacre de Boston. El 18 de julio de 1776, se leyó la **Declaración de la Independencia** en Boston desde el balcón de la Old State House, arriba de dónde mataron a Attucks.

Mucha gente vino a escuchar la Declaración de la Independencia. ¡Estaban listos para pelear contra los británicos!

© North Wind Picture Archives

En 1888, se construyó una estatua en honor a Attucks en el Boston Common, que es un parque. En 1998, el gobierno estadounidense produjo una moneda especial de Attucks y otros afro-estadounidenses que lucharon por la independencia de nuestro país.

Los nombres de las víctimas de la Masacre de Boston están tallados en la parte superior de esta estatua en el Boston Common. Sus tumbas están en el Granary Burying Ground, junto al parque.

Glosario

acusó — consideró culpable de cometer un crimen

barco ballenero — barco utilizado para cazar ballenas

colonia — tierra y gente controladas por otro país

Declaración de la Independencia — declaración hecha por las colonias diciéndole a la Gran Bretaña que las colonias eran libres

esclavo — persona tratada como propiedad y forzada a trabajar sin pago

fuera de servicio — que no están trabajando como soldado o marinero

impuestos — importe o cantidad de dinero cobrada por el gobierno. El gobierno usa el dinero para pagar a sus trabajadores y otros gastos del gobierno

masacre — matar a mucha gente que no puede defenderse

muelles — lugares a la orilla del mar en los que los barcos cargan y descargan gente y mercancía

procesión — grupo de personas que caminan de forma organizada

turba — mucha gente que actúa sin control, a menudo dañando las propiedades o hiriendo a otros

Para más información

Libros

The Cost of Freedom: Crispus Attucks and the Boston Massacre.
Great Moments in American History (series).
Joanne Mattern (Rosen Publishing)

Crispus Attucks. Heroes of the American Revolution (series).
Don McLeese (Rourke)

*Crispus Attucks: Hero of the Boston Massacre/Héroe de la
Masacre de Boston.* Primary Sources of Famous People in
American History (series). Anne Beier (Rosen Publishing
Group)

Explore Black History with Wee Pals. Morrie Turner
(Just Us Books)

Índice

Sobre la autora

Monica L. Rausch tiene una maestría en formación literaria por la Universidad de Wisconsin-Milwaukee, donde actualmente da clases sobre composición, literatura y redacción creativa. Le gusta escribir sobre ficción pero también le divierte escribir sobre hechos reales. Monica vive en Milwaukee cerca de sus seis sobrinos a quienes le encanta leerles cuentos.